Rituale des Schutzes

Wie Sie sich erden, Ihre Aura reinigen und sich vor Energievampiren schützen können

Linda Heck

2nd Auflage

1st Auflage: März 2019
2nd Auflage, Überarbeitet und Erweitert: Oktober 2023

Aus dem Französischen übersetzt. Originaltitel: *Rituels De Protection : Comment Vous Enraciner, Purifier Votre Aura Et Vous Prémunir Des Vampires Énergétiques*

ISBN: 9798866893966

Contents

Anmerkung zur zweiten Auflage

Nie hätte ich mir vorgestellt, dass dieser kleine Praxisratgeber über Schutz, Verteidigung und Energiestärkung, den ich vor vier Jahren verfasst habe, bis zum Zeitpunkt, an dem ich diese Zeilen schreibe, die Herzen von über 12.000 Lesern weltweit berühren würde. Dies zeigt, dass es in diesem Bereich einen echten Bedarf gibt und dass viele Menschen nach besseren Möglichkeiten suchen, sich mit der Erde zu verbinden und wieder mit dem Göttlichen Wesen in Kontakt zu treten.

Angesichts des zahlreichen Feedbacks und der Kommentare zum Buch habe ich mich entschieden, eine überarbeitete und erweiterte Ausgabe herauszugeben. Einige Konzepte wurden tiefergehend behandelt, einige Beispiele sind detaillierter, während die Darstellung verständlicher gestaltet werden sollte. Ich hoffe, dass diese Ausgabe allen Wesen, die nach Harmonie und Ausgewogenheit suchen, gerecht wird und dass sie ihnen Seelenfrieden bringt und sie gleichzeitig befähigt, dem Bösen zu widerstehen.

Dies ist mein Wunsch für jeden Einzelnen von euch sowie für diese Welt, unsere Erde, die es so dringend benötigt.

Herzlichst, Linda

Einführung

ieses bescheidene Werk beschäftigt sich mit energetischen Ritualen, die dazu dienen, Sie zu erden und Sie vor negativen Einflüssen jeglicher Art zu schützen, einschließlich jenen von "psychischen Vampiren". Es ist für jeden geschrieben, insbesondere für hochsensible und empfängliche Personen, insbesondere für die sogenannten "Empathen". Empathen sind Menschen, die mit **Klarempathie** ausgestattet sind und sollten nicht mit Personen verwechselt werden, die einfach nur Empathie besitzen, wie wir noch sehen werden.

In dieser sich ständig verändernden und kontinuierlich weiterentwickelnden Welt können energetische Interaktionen zwischen Individuen manchmal herausfordernd, ja sogar belastend sein. Daher ist es essenziell zu lernen, wie man seinen energetischen Raum schützt und harmonisiert, besonders wenn man ein Empath oder hochsensibel ist. Dieses Buch ist dazu bestimmt, Sie Schritt für Schritt auf diesem Weg zu begleiten. Wir werden verschiedene Erdungstechniken erforschen und tief in das eintauchen, was es wirklich bedeutet, in der heutigen Zeit ein Empath zu sein. Wir werden die einzigartigen Herausforderungen, die sich daraus ergeben, sowie die Schönheit eines Lebens in vollkommener Harmonie mit seinem "energetischen Selbst" thematisieren. Indem Sie diese Praktiken vollständig in Ihren Alltag integrieren, wird eine tiefgreifende Transformation in Ihnen stattfinden, die eine authentischere Verbindung mit sich selbst, anderen und der Welt um Sie herum ermöglicht.

Anmerkung: Obwohl ich im Laufe dieses Buches manchmal speziell Empathen anspreche, versteht es sich von selbst, dass alle hier vorgestellten Rituale für jeden von uns vorteilhaft sind und regelmäßig geübt werden sollten. Ebenso sind die allgemeineren Informationen hier für jeden Einzelnen gültig.

Unterschied zwischen den Begriffen "Empath" und "Empathie"

Empathie ist das Spiegelbild der Seele; der Empath ist die Seele selbst.

Zunächst müssen wir dieser Frage tiefer nachgehen: Was ist ein Empath? Ein Empath ist eine Person, die empfindlicher als der Durchschnitt auf ihre Umgebung, auf andere und auf die Menschheit als Ganzes reagiert. Dies kann sich als verstärkte emotionale Tiefe, großes Mitgefühl für andere, Interesse und oft persönliches Engagement in Auseinandersetzungen zu globalen Themen äußern. Empathen haben die Fähigkeit, die Emotionen anderer tief zu fühlen und wahrzunehmen, sowie das allgemeine Stimmungsbild einer Umgebung, Gruppe oder Gesellschaft.

Dennoch darf man die Begriffe "Empath" und "Empathie" nicht verwechseln. Tatsächlich ist Empathie keine psychische Fähigkeit. Es ist die Kapazität, sich in die Lage einer anderen Person zu versetzen und sich vorzustellen, wie sie sich fühlen muss. Obwohl dieses Gefühl echt ist, ist es nicht dasselbe wie Klarempathie, die psychische Fähigkeit, die Empathen erleben und die oft mit bloßer emotionaler Überempfindlichkeit verwechselt wird. Klarempathie ist eine tatsächliche Erfahrung, die Sie zu einem emotionalen "Ersatz" macht, und es Ihnen ermöglicht, die Emotionen, die eine andere Person fühlt, direkt zu erleben und zu kanalisieren, während Empathie lediglich das Projizieren und Überlegen beinhaltet, was die andere Person fühlen könnte.

Daher sind Empathen offene Kanäle für die Emotionen in ihrer unmittelbaren Umgebung. Das Chaos und die Verwirrung, durch die die meisten Empathen gehen, rühren daher, dass sie ihre eigenen Emotionen nicht von denen anderer unterscheiden können. Da sie sie fühlen, nehmen sie an, dass diese Emotionen ihre eigenen sein müssen.

--

WICHTIG ZU WISSEN: Klarempathie ist eine psychische Fähigkeit, die manchmal mit anderen übersinnlichen Fähigkeiten in Verbindung gebracht wird. Dazu gehören:

Klarsensitivität ist die Fähigkeit, jegliche Art von Energie zu fühlen, wie Gedanken, Emotionen, Absichten usw.

Klarkenntnis ist die Fähigkeit, Wissen zu erlangen. Empathen, die oft einfach Dinge über Menschen wissen, sind häufig mit dieser Fähigkeit ausgestattet. Manchmal könnten wir das in den Sinn kommende Wissen anzweifeln und es einfach als Fantasie abtun. In Wirklichkeit ist die Fantasie die Plattform für psychische Fähigkeiten.

Psychometrie ist die Fähigkeit, durch "Vorstellungskraft" (es erscheint einfach im Kopf) Informationen zu erhalten, indem man Gegenstände oder Menschen berührt oder einen Raum betritt. Empathen nehmen Emotionen wahr und können körperliche Empfindungen erleben, die von Menschen, Dingen oder Orten ausgehen. Das erleichtert es ihnen, die Psychometrie als psychische Fähigkeit zu entwickeln.

Automatisches Schreiben ist eine intuitive Praxis (auch Psychografie genannt), die es Ihrem Unterbewusstsein ermöglicht, die Kontrolle zu übernehmen, sodass Glaubenssysteme und andere Beschränkungen des bewussten Geistes das Schreiben nicht zensieren. Auf diese Weise können Sie Antworten erhalten. Wenn Sie es versuchen möchten, beachten Sie, dass diese Praxis ein tiefes Entspannen erfordert. Beginnen Sie mit einer einfachen Frage und schauen Sie, was passiert.

Eine Innere Reise

Empathen besitzen eine gesteigerte Sensibilität, die wahrhaftig ein Geschenk ist. Deshalb werden sie oft zu einer tiefen inneren Reise aufgerufen, um dieses einzigartige Geschenk zu verstehen und zu integrieren. Diese Reise beginnt in der Regel mit der Erkenntnis ihrer Besonderheit, die zunächst mehr oder weniger akzeptiert wird, gefolgt von einer Erkundung subtiler Dimensionen. Sie spüren meist eine starke Anziehung zu spirituellen oder energetischen Praktiken, und diese helfen ihnen, die Energien, die sie ständig wahrnehmen, zu kanalisieren und auszugleichen.

Die primäre Herausforderung für Empathen besteht dann darin, ihre eigene energetische und emotionale Balance aufrechtzuerhalten, während sie durch diese Welt navigieren – eine Welt, die oft turbulent ist und sogar immer mehr wird, da der Planet derzeit eine rasche Transformation durchläuft.

Das Erlernen von Techniken zum Schutz der Energie, auf die wir später eingehen werden, Meditation und die Praxis der Achtsamkeit sind wesentliche Schritte auf diesem Weg. Oft werden Empathen zu denen hingezogen, die so sind wie sie, was gegenseitige Unterstützung ermöglicht.

Diese innere Reise führt auch zur Entdeckung und Entwicklung bestimmter psychischer Fähigkeiten. Zum Beispiel hilft Meditation, Klarsensitivität und Klarkenntnis zu verfeinern und zu verstärken, bestimmte Übungen unterstützen die Entwicklung der Psychometrie und so weiter. Das Üben des automatischen Schreibens kann insbesondere eine hochtransformative Methode sein, da es einen Kanal bietet, um die Tiefen des Bewusstseins zu erkunden und den Weg zur Erreichung tiefer Weisheit zu ebnen.

Empath zu sein ist nicht nur eine Identität, geschweige denn eine Bürde, die man tragen muss, sondern eine Lebensreise, die ständige Erforschung und Vertiefung sowie bewusste Anpassung an sich selbst und das Leben erfordert. Es ist ein Geschenk, das geschätzt werden sollte, eine Einladung, eine umfassendere Sichtweise des Daseins anzunehmen und durch ein tieferes und mitfühlenderes Verständnis der menschlichen Erfahrung positiv zur kollektiven Harmonie der Welt beizutragen.

Wie weiß man, ob man ein Empath ist?

*Es geht nicht darum, ob du fühlst, sondern
wie und warum du fühlst.*

Bist du ein Empath? Um dies festzustellen, habe ich einige gängige Eigenschaften aufgelistet, die viele Empathen teilen. Hochsensible Personen und Empathen könnten sich in folgenden Punkten wiedererkennen:

• Du fühlst dich zu Kristallen, Metaphysik und verschiedenen Formen der Energieheilung hingezogen.

• Du versetzt dich oft in andere hinein und stellst dir häufig vor, was Menschen denken oder fühlen.

• Du spürst eine starke Verbindung (oder im Gegenteil eine Abneigung) zu bestimmten Orten.

• Du kannst jemanden in Not nicht alleine lassen und bleibst lieber bei ihm, bis es ihm besser geht.

• Du hast eine besondere Verbindung zur Natur, die dir Gelassenheit bringt.

• Du nimmst nicht nur wahr, was die Leute dir zeigen, sondern auch das, was hinter ihren sozialen Masken verborgen ist.

• Manchmal projizieren Menschen ihre Emotionen auf dich, was dich sowohl körperlich als auch emotional erschöpft.

• Du fühlst deine Emotionen intensiv.

• Du bist empfindlich gegenüber Mond- und astrologischen Zyklen.

• Du träumst gerne und verlierst dich in ausführlichen, fantastischen Fantasien.

• Du hast hyperrealistische Träume oder solche, die zukünftige Ereignisse vorhersagen.

• Nachdem du Zeit mit Freunden verbracht hast, übernimmst du manchmal Aspekte ihrer Persönlichkeiten.

• Du hast eine tiefe Verbindung zu Tieren, bis zu dem Punkt, ihre Emotionen zu spüren.

• Du bist leidenschaftlich engagiert in Fragen der sozialen Gerechtigkeit, Umwelt oder humanitären Anliegen.

• Manchmal fühlst du unerklärliche Schmerzen oder Empfindungen in deinem Körper.

• Du reagierst empfindlicher als andere auf bestimmte Substanzen wie Medikamente, Koffein oder Alkohol.

• Du fühlst dich unwohl oder gereizt in der Nähe von unauthentischen Personen, und du erkennst Lügen schnell.

• Menschen neigen dazu, sich dir anzuvertrauen, manchmal mehr als ihren näheren Freunden.

• Du empfindest Mitgefühl für Außenseiter der Gesellschaft oder einer Gruppe, ungeachtet dessen, was andere sagen könnten.

• Du hast eine lebhafte Vorstellungskraft.

• Du neigst dazu, für die Unterdrückten einzustehen.

• Du fühlst negative Emotionen, die mit Konflikten verbunden sind, tief und vermeidest diese.

• Von negativen Menschen umgeben zu sein, erschöpft und reizt dich.

• Du bist auf der Suche nach Wahrheit und versuchst stets, sie in jeder Situation zu erkennen.

• Du hast einen Wissensdurst und stellst oft mehr Fragen als der Durchschnittsmensch.

• Du kannst leicht ängstlich werden, wenn Menschen dir widersprechen.

• Du könntest dich in Einkaufszentren, geschlossenen Räumen oder in überfüllten Gebieten unwohl fühlen.

• Alleinzeit gibt dir neue Energie.

• Wenn Menschen mit dir sprechen, hörst du mit deinem ganzen Wesen zu und nimmst Emotionen und das Ungesagte wahr.

• Du hast Intuitionen über Menschen und Situationen, die sich als zutreffend herausstellen.

• Du kümmerst dich um andere und die Welt, manchmal bis zum Punkt der Sorge.

• Die Stimmungen anderer beeinflussen deine eigene.

• Du bist empfindlich gegenüber Gewalt und Blut im Fernsehen und in Filmen.

• Du fühlst dich zur Kunst als Ausdrucksmittel hingezogen.

• Du liebst es, andere emotional zu heben und ihnen ein gutes Gefühl zu geben.

• Wenn du jemandem zuhörst, bemerkst du vielleicht kleinste Details, die andere vielleicht gar nicht bemerken, doch es könnte dir schwerfallen, dich auf rein informative oder technische Reden zu konzentrieren.

• Du fühlst dich manchmal überstimuliert oder angespannt in Anwesenheit von lauten Geräuschen, grellem Innenlicht, Geplapper und Störungen um dich herum.

Dennoch, beachte, dass du dich nicht mit all diesen Eigenschaften identifizieren musst, um ein Empath zu sein. Wenn du dich in mehreren dieser Beschreibungen wiedererkennst, dann ist es möglich, dass du ein Empath bist.

Nun werden wir uns damit beschäftigen, wer Energievampire sind, gefolgt von verschiedenen Ritualen, die es einem ermöglichen, sich zu erden und sich zu schützen sowie die eigene Schwingungsfrequenz zu erhöhen.

---

*Der Begriff **"Schwingungsfrequenz"** bezieht sich auf die Rate, mit der Energien schwingen. Schnellere Schwingungen entsprechen höheren Schwingungsfrequenzen, die mit höheren und positiveren energetischen Zuständen verbunden sind.*

Energievampire

*Schütze deinen Raum; manche Energien
kommen mit hohen Kosten.*

Energievampire, auch als psychische Vampire bekannt, sind Personen oder Entitäten, die die Lebenskraft einer anderen Person aussaugen und somit diese Person zu ihrem Opfer oder ihrer Beute machen. Ein Energievampir ist typischerweise eine narzisstische Persönlichkeit, also jemand, der ein übermäßiges Interesse an sich selbst hat oder sogar Bewunderung für sich selbst empfindet und Freude daran hat, andere erfolgreich zu manipulieren und sensible und ahnungslose Individuen zu erniedrigen.

In Wirklichkeit ist eine narzisstische Persönlichkeit jedoch jemand, der tief von seinem wahren Selbst getrennt ist. Sie bewundern kein echtes "Selbst". Es handelt sich im Grunde um ein Ego, das nicht mit ihrer Seele in Einklang steht. Solche Individuen suchen nach "narzisstischer Zufuhr", um ihre eigene Illusion aufrechtzuerhalten, dass dieses Ego ihr wahres Selbst darstellt.

Wenn das Selbstwertgefühl eines Narzissten (ihre positiven Gefühle gegenüber ihrem illusorischen Selbstbild) durch einen

Auslöser, der ihr verborgenes wahres Selbst offenbart, verletzt wird, spricht man von einer narzisstischen Verletzung. Eine solche Verletzung kann durch Kritik entstehen oder einfach, weil der Narzisst weniger Anerkennung oder Lob erhält, als er glaubt, zu verdienen. Narzissten reagieren auf diese Verletzungen mit intensiver Wut oder sogar Rage, während sie den vermuteten Aggressor angreifen, um ihn zu diskreditieren.

Narzisstische Beute: Die Opfer des psychischen Vampirismus

Die narzisstische Beute, die Opfer des psychischen Vampirismus, versorgt den Narzissten mit der Energie, nach der sie sich sehnen, in Form von emotionaler Bestätigung. Wenn ein Narzisst sein Opfer missbraucht und das Opfer intensive Angst oder eine andere Emotion zeigt, fühlt sich der Narzisst energetisiert und bestätigt, dass das "Selbst", das sie projizieren, echt und potent ist. In einer koabhängigen Beziehung zwischen dem Narzissten und seinem Opfer endet die zuvor erwähnte narzisstische Rage oft damit, dass der Narzisst zufrieden ist, weil das Opfer alles sagt, was notwendig ist, um das Ego des Narzissten zu validieren.

Solche Beziehungen können sich zu Koabhängigkeit entwickeln, das bedeutet, das Opfer zeigt eine übermäßige emotionale oder psychologische Abhängigkeit von ihrem Partner. Traditionell wurde ein Koabhängiger als jemand verstanden, der einen Süchtigen unterstützt. In der modernen Psychologie wurde der Begriff erweitert, um jemanden zu beschreiben, der einen Narzissten unterstützt und "abhängig" ist von dem, was der Narzisst bietet.

Dies hängt eng mit dem zuvor besprochenen Selbstbild zusammen. Wenn dieses Bild schwach ist, wenn eine Person nicht fest verankert ist, nicht genug Selbstbewusstsein hat und sich nicht genug auf sich selbst konzentriert, wird das Ego oder das Selbst "porös".

Das Ego ist das individuelle Selbst, im Gegensatz zum höheren Selbst oder der Quelle, die eins mit allen ist (kollektive Seele). Als ein von anderen getrenntes Selbst muss das Ego Grenzen haben, die bestimmen, wo es anfängt und endet. Daher hat jede Person ihre eigenen Bedürfnisse und Wünsche.

Leider ermöglicht dieser Mangel an klaren Grenzen einigen Individuen, absichtlich Grenzen zu überschreiten, die sie, wenn sie gesund wären, daran hindern würden, die Gedanken, Gefühle und Handlungen eines anderen zu beeinflussen. Eine Person mit einem porösen Ego neigt daher dazu, in ihren Beziehungen koabhängig zu sein.

Techniken der Energievampire

Energievampire sind recht erfinderisch, wenn es darum geht, ihre Ziele zu erreichen. Hier sind einige der Techniken, die sie häufig einsetzen:

• **Falsche Versprechen**: Diese Taktik nutzt der Narzisst, um seine Beute zu Beginn einer Beziehung anzulocken. In romantischen Beziehungen, ebenso wie in Geschäftspartnerschaften und anderen Verbindungen, wird der Narzisst, nachdem er genug über Sie erfahren hat, ein Bild der gemeinsamen Zukunft malen, das er mit Ihren Zielen oder sogar Ihren kühnsten Träumen abstimmt. In Wirklichkeit hatten sie nie vor, diese Zukunft von Anfang an zu verfolgen; sie tun nur so und lügen, um Sie glauben zu lassen, es sei zu Ihrem Vorteil.

• **Geheuchelte Liebe**: Dies tritt auf, wenn Narzissten auf der Suche nach einem neuen Opfer eine übermäßige Zurschaustellung von Zuneigung zeigen. Es mag anfangs charmant wirken, aber der Narzisst kennt die Person nicht einmal gut genug, damit diese plötzliche Vernarrtheit realistisch ist. Dies kann nicht nur in romantischen Beziehungen passieren, sondern auch in anderen Arten von Beziehungen. Ein Narzisst könnte beispielsweise behaupten, dass sein neu getroffenes Opfer sein bester Freund sei, oder das wunderbarste Mädchen, das er je getroffen hat, und so weiter.

- **Gaslighting**: Dieser englische Begriff, für den es im Deutschen nicht direkt eine Entsprechung gibt, bezieht sich auf eine spezielle Form der psychologischen Manipulation. Der Narzisst sagt bestimmte Dinge, um sein Opfer an seiner Wahrnehmung der Realität und seinem geistigen Zustand zweifeln zu lassen. Beispiele sind: "Du siehst krank aus, geht es dir gut?", "Du bist zu empfindlich", "Wovon redest du?", "Du nimmst alles persönlich", und so weiter.

Wussten Sie schon?

Der Begriff "Gaslighting" stammt aus dem Kino und geht auf einen psychologischen Thriller aus dem Jahr 1944 mit dem Titel "Gaslicht" zurück. Die Geschichte dreht sich um einen Ehemann, der seine Frau geistig manipuliert, um sie an ihrer eigenen Realität zweifeln zu lassen. Dazu inszeniert er verschiedene Täuschungen, wie zum Beispiel das Verändern der Intensität der Gaslichter im Haus und tut so, als würde er keine Veränderungen bemerken, alles in dem Bemühen, sie davon zu überzeugen, dass sie ihren Verstand verliert. Dieser Film führte somit den Begriff "Gaslighting" ein, der eine Form der psychologischen Manipulation beschreibt, bei der eine Person Zweifel im Geist ihres Opfers erzeugt, insbesondere in Bezug auf ihre eigene Wahrnehmung der Realität und somit ihre geistige Gesundheit, indem sie die Realität verfälscht und offensichtliche Tatsachen leugnet. Diese Manipulationstechnik muss erkannt werden, da sie leider häufig in

• **Emotionale Manipulation:** Hierbei weiß der Manipulator, was emotional mit seinem Opfer "resoniert". Sie wissen, wie sie es in die Höhe treiben können, genauso wie sie es herunterbringen können, und genau das tun sie, mit allen Mitteln. Es ist eine Taktik, die von Narzissten eingesetzt wird, um sich von ihrem Opfer zu ernähren, denn es nährt ihr Ego, und die emotionale Stabilität ihres Opfers liegt in ihren Händen. Da Empathen hochsensibel sind und auf ihre Emotionen abgestimmt sind, sind sie ein bevorzugtes Ziel für emotionale Manipulation, mehr noch als jemand, der emotional distanzierter ist.

Energie-Rituale

Wie wir gerade gesehen haben, neigen Empathen dazu, viele Emotionen aufzunehmen, weshalb es für sie unerlässlich ist, sich zu schützen. Dafür gibt es nichts Besseres als bestimmte Rituale, sogenannte "Energie-Rituale". Was sind Energie-Rituale? Es handelt sich um Praktiken, die es Empathen und tatsächlich jedem ermöglichen, die Kontrolle über ihre Energie zurückzugewinnen oder zu behalten, sodass die Außenwelt sie nicht kontrolliert. Sie verleihen die Macht, den eigenen emotionalen Zustand zu verändern, Negativität loszulassen und das Bewusstsein auf sich selbst zu zentrieren.

—

ZUM MERKEN: Ein Energie-Ritual ist eine Übung – ob physisch, geistig oder beides –, die beeinflusst, wie man sich fühlt, indem man die eigene Schwingungsfrequenz erhöht. Energie-Rituale können kombiniert werden, um Abläufe zu bilden, wie eine morgendliche und abendliche Routine. Sie können auch immer dann eingesetzt werden, wenn energetischer Schutz erforderlich ist. Diese Rituale können Empathen bei Problemen aller Art helfen, vom einfachen Energieverlust bis zum Umgang mit Energievampiren, von psychosomatischen Krankheiten bis zu emotionalen Dysfunktionen.

Psychosomatische Erkrankungen *sind körperliche Beschwerden, die ihren Ursprung in (oder verschlimmert werden durch) emotionalen und/oder psychologischen Faktoren wie Stress, Angst oder Depression haben. Sie manifestieren sich mit sehr realen physischen Symptomen: Schmerzen, Kopfschmerzen, Magen-Darm-Beschwerden und viele mehr. Zu den bekanntesten gehören Asthma, Ekzeme und Magengeschwüre. Die Heilung erfordert einen kombinierten physisch/psychologischen Ansatz in einer ganzheitlichen Weise.*

Heutzutage haben viele Empathen mit verschiedenen Kombinationen dieser Herausforderungen zu kämpfen:

• Sie fühlen sich oft "ausgelaugt", erschöpft und haben Schwierigkeiten, sich zu konzentrieren.

• Sie fühlen sich häufig überfordert oder von dem Chaos des täglichen Lebens überstimuliert, insbesondere sind sie extrem empfindlich gegenüber Geräuschen, Licht und Bewegungen.

• Sie fühlen sich durch bestimmte Personen oder Menschenmengen energetisch entkräftet.

• Sie haben mit "psychischen Vampiren" zu tun, die psychologische Manipulation verwenden, um Emotionen bei anderen auszulösen.

• Sie fühlen sich manchmal von sich selbst und ihrer Intuition getrennt.

• Sie könnten den Schmerz anderer für den eigenen halten und neigen dazu, sich mehr um andere als um sich selbst zu kümmern.

• Sie haben das Gefühl, dass ihre emotionalen Erfahrungen außer Kontrolle geraten.

• Sie lassen sich leicht von den Emotionen anderer überwältigen oder feststecken.

• Sie durchleben erhebliche Stimmungsschwankungen, abhängig von ihrer Umgebung oder den Menschen in ihrer Nähe.

• Sie könnten emotionale Dysregulation erleben und das Gefühl haben, ihre Emotionen nicht kontrollieren zu können, bis zu dem Punkt, dass sie ihren nächsten Stimmungswechsel fürchten.

• Sie können an verschiedenen psychosomatischen Krankheiten leiden, die zu Schmerzen, Empfindungen oder Symptomen führen, die die moderne westliche Medizin nicht erklären kann.

• Sie fühlen sich nicht in der physischen Welt verankert, sondern haben das Gefühl, in ihren Emotionen "gefangen" zu sein.

Unter diesen Umständen, ohne die Praxis der Energiereinigung, -wiederherstellung und -ausgleich, können Empathen schnell erschöpft werden, da sie zu viel geben, und von den Emotionen anderer überwältigt oder behindert werden. Als Ergebnis sind Energie-Rituale Antworten auf Ungleichgewichte, wie die oben aufgelisteten Symptome, die sofort eine energetische Veränderung in Ihnen bewirken. Sie wirken auf den physischen Körper, den Geist oder beides, um Ihre Schwingungsfrequenz zu erhöhen. Ein regelmäßiges Praktizieren ermöglicht es Ihnen, diese Schwingungsfrequenzen über längere Zeiträume hinweg zu erhöhen.

Die zwei primären Ziele des Erlernens von Energie-Ritualen sind:

• **personalisierte Abläufe** zu etablieren, die Ihnen helfen, Ihr Energiegleichgewicht zu maximieren

• sofort auf Ungleichgewichte zu reagieren, indem Sie **Energie-Rituale** nutzen, um sie zu korrigieren

Im Wesentlichen ist alles Energie und jede Energie schwingt. Alles Physische ist in Wirklichkeit Energie, die schwingt; wir können die Bewegung nur nicht sehen. Auch alles Ätherische (Gedanken, Gefühle) schwingt.

Frequenz ist eine Einheit, die die Schwingungsrate misst. Je schneller eine Energie schwingt, desto höher ist ihre Frequenz. Die höchsten Frequenzen sind nicht-physisch und am nächsten an der

Energie der Quelle. Die niedrigeren Frequenzen sind physisch und am weitesten von der Energie der Quelle entfernt.

--

GUT ZU WISSEN: Die Quelle bezieht sich auf das göttliche Wesen, von dem alles ausgeht. In energetischen Begriffen kann sie in ihre zwei Hauptprinzipien, männlich und weiblich, unterteilt werden:

- ✓ Das **männliche Prinzip** ist die Energie der Ausrichtung und des fokussierten Kanalisierens. Im menschlichen Leben manifestiert sich dies als Gedanke, Konzentration, Struktur, Disziplin, Macht, Grenzen, Schutz und Widerstandsfähigkeit.
- ✓ Das **weibliche Prinzip** ist die Energie der Offenheit und Rezeptivität. Im menschlichen Erleben drückt es sich in Form von Emotion, Empathie, Intuition, Kreativität, Fürsorge, Heilung, Hilfe und Nachsichtigkeit aus.

Diese beiden Prinzipien ergänzen sich in allen Bereichen wie Zwillingsflammen.

Die "Energie der Quelle" bezieht sich somit auf die ursprüngliche, erste Energie, aus der die gesamte Existenz hervorgeht. Oft wird sie in einem spirituellen oder metaphysischen Kontext mit einer höheren Macht, Gott oder einem sich selbst bewussten Universum assoziiert.

—

MERKE: Da alles Energie ist, beinhaltet der Energieschutz auch den Selbstschutz. Eine gute Möglichkeit, sich zu schützen, besteht darin, Ihre Schwingungsfrequenz zu erhöhen. Wenn Sie auf einer höheren Frequenz schwingen, können Sie negative Gedankenmuster, die Ihre Energie abzapfen, abwehren. Außerdem schützt es Sie vor den Schwingungen negativer Wesen. Niemand kann Ihre Energie ohne Ihre Erlaubnis nehmen. Wenn also Energieschutz benötigt wird, liegt die Lösung immer in Ihnen selbst.

Erdung

Unter den energetischen Ritualen gibt es einige, die besonders für den Schutz geeignet sind. Das sind die Erdungsrituale. Manchmal werden diese Rituale auch als Erdungsrituale bezeichnet. Das bedeutet wörtlich, dass die Elektrizität in Ihrem Körper mit der Erde verbunden ist und so stagnierende Energie freisetzt. Obwohl dies ein physisches Phänomen ist, entspricht es der geistigen Erdung in der Klarheit des gegenwärtigen Moments und Ihrem Selbstverständnis. Es ist eine natürliche Wirkung eines ausbalancierten Wurzelchakras, der Grundlage aller Chakren.

Erdung ist ein bedeutsames Energie-Ritual, da es Ihre Schwingungen durch Freisetzung blockierter Energien erhöht. Erdungsrituale sind für diejenigen angenehm, die eine tiefe Verbindung zur Erde fühlen, sie sind jedoch unerlässlich, wenn Sie empathisch sind, da sie die negative Energie freisetzen, die Sie möglicherweise in sich gespeichert haben.

Erdungsrituale wirken belebend auf den Körper und bringen auch Klarheit für den Geist sowie Stimmungsaufhellung. Sie funktionieren, indem sie die Bio-Elektrizität Ihres Körpers mit der Erde verbinden. Bio-Elektrizität hat eine negative Ladung, die Spannung verursacht und den Energiefluss in Ihrem Körper blockiert.

Regelmäßige Praxis

Wir werden später auf Erdungsrituale eingehen. Je gewissenhafter Sie sind, desto tiefer und anhaltender wird die Harmonie sein, die Sie zwischen Ihrem Körper und Geist erreichen. Tatsächlich verstärken sich die positiven Auswirkungen dieser Rituale im Laufe der Zeit. Versuchen Sie, diese Rituale in Ihre tägliche Routine einzubauen, um sich besser zu erden und eine verbesserte geistige Klarheit zu genießen. Unterschätzen Sie nicht die Kraft dieser Rituale. Trotz ihrer scheinbar einfachen Natur wirken sie als ein mächtiger energetischer Schild gegen äußere Aggressionen aller Art.

Mit ein wenig Übung werden Sie diese unsichtbare Barriere spüren und harmonischer mit den Energien um Sie herum in Einklang kommen. Zudem werden Sie Herausforderungen leichter überwinden und die unvermeidlichen Prüfungen des Lebens, denen wir alle irgendwann gegenüberstehen, mit größerer Gelassenheit akzeptieren. Je mehr Sie üben, desto friedvoller werden Sie, und dies strahlt auf die Menschen um Sie herum und Ihre Umgebung aus und fördert Ihre innere Balance und Ihren Frieden. Sie werden die Vorteile auf physischer, geistiger und emotionaler Ebene schnell spüren.

Erdung ermöglicht es Ihnen, sich tiefer mit der irdischen Energie zu verbinden; sie verankert Sie im gegenwärtigen Moment und bringt Ruhe und Erfüllung, wo Sie sich einst ängstlich und beunruhigt fühlten. Aber sie befreit auch von Fesseln, negativen energetischen Störungen, die Ihrem Wohlbefinden schaden und es beeinträchtigen können. Regelmäßige Praxis ist ein Weg, um in sich selbst zu reisen und Ihr wahres Selbst zu entdecken. Es ist ein Weg, der die wunderschöne Symbiose offenbart, die zwischen Menschen, der Erde und dem Universum besteht, neben der Schönheit und Kraft, die uns umgibt, wenn wir mit dem Göttlichen verbunden sind.

Wie man erkennt, dass man nicht geerdet ist und wie man sofort reagiert

Wenn wir von unseren Wurzeln getrennt sind, können wir leicht vom Wind umgeweht werden.

Was bedeutet es, geerdet zu sein? Geerdet zu sein ist ein ganzheitliches Konzept, das mentale, physische, emotionale und spirituelle Dimensionen umfasst. Um vollständig geerdet zu sein, müssen wir in jeder Hinsicht verankert sein.

Mental bedeutet Erdung, einen wachsamen Geist zu haben, bewusst und im Einklang mit der Realität des gegenwärtigen Moments. Emotional bedeutet es, ruhig und stabil zu sein. Körperliche Erdung bedeutet, dass Ihr **energetischer Körper** eingesteckt und gut mit der Erde verbunden ist, ähnlich einem elektrischen Kreislauf. Spirituelle Erdung setzt voraus, dass Ihr Bewusstsein eins mit Ihrem physischen Körper ist. Andererseits ist das Nicht-Geerdet-Sein das Gegenteil von alledem. Statt sich wach und ruhig zu fühlen, fühlt man sich ängstlich und desorientiert.

—

WISSENSWERT: Der energetische Körper ist der ätherische Körper, der den physischen Körper überlagert und widerspiegelt. Es ist die Energie, die dem physischen Körper buchstäblich Leben verleiht. Der physische Körper ist immer Energie, nur in einer dichteren Form, die auf einer niedrigeren und langsameren Frequenz schwingt. Der energetische Körper wird von unseren Gedanken und Gefühlen beeinflusst, die ebenfalls auf der ätherischen Ebene schwingen. Er kann auch von Energien beeinflusst werden, die auf höheren Frequenzen als unsere bewussten Gedanken arbeiten, wie zum Beispiel das Höhere Selbst und Wesenheiten wie Engel, die uns Gedanken oder Gefühle senden können.

Anzeichen dafür, dass Sie nicht geerdet sind

Wenn Sie sich verloren fühlen, schauen Sie nach unten, nicht nach oben, denn dort sind Ihre Wurzeln.

Es ist wichtig zu erkennen, wann man nicht mehr geerdet ist, damit man weiß, wann man sofort handeln muss, um das Gleichgewicht wiederherzustellen. Wenn wir das Ungleichgewicht gewähren lassen, können wir uns innerlich überfordert fühlen, weil wir zu sehr in unseren Gedanken gefangen sind und von unserem Körper getrennt sind, in dem unsere Intuition und das Bewusstsein für den gegenwärtigen Moment wohnen.

Wir werden nun die Hauptanzeichen erforschen, die häufigsten Indikatoren, die auf einen Mangel an Erdung hinweisen, bei Ihnen oder bei anderen. Wenn Sie eines oder mehrere dieser Anzeichen bemerken, machen Sie sich keine Sorgen; wir werden später darauf eingehen, wie man sich erdet und die Energien wieder ins Gleichgewicht bringt.

--

Hier sind Anzeichen dafür, dass Sie energetisch nicht geerdet sind:

Physische Anzeichen:

• Sie tippen nervös mit den Fingern.

• Sie entwickeln nervöse Angewohnheiten wie das Beißen der Nägel oder das Drehen Ihrer Haare, auch wenn Sie nicht bewusst an etwas denken, das Sie ängstlich macht.

• Sie bewegen impulsiv Ihre Beine oder Zehen.

• Ihr Atem ist schnell und flach.

• Sie fühlen sich benommen, überstimuliert oder ängstlich.

• Sie erleben Muskelverspannungen.

WICHTIG: Einige der oben genannten Symptome sind auch Symptome für körperliche Erkrankungen. **In solchen Fällen ist es unerlässlich, Ihren Körper zusätzlich zur Erdung mit einer angemessenen medizinischen Versorgung zu behandeln.** Erdung kann die Heilung von körperlichen Beschwerden beschleunigen und die Schwere der Symptome reduzieren, aber sie ist eindeutig nicht das Allheilmittel.

Denken Sie jedoch auch daran, dass einige körperliche Beschwerden ausschließlich im Kopf entstehen und keine physische oder medizinische Erklärung haben, wie das Gefühl der Enge oder ein Kloß im Hals, der Depression oder Angst begleiten könnte, die Brustverengung oder Schmerzen, die entstehen, wenn Sie über Ihre Sorgen nachdenken oder sich in der Nähe einer unangenehmen Person aufhalten, usw. Diese werden als psychosomatische Krankheiten bezeichnet.

Emotionale Anzeichen:

• Sie fühlen sich rastlos.
• Ihnen fehlt die Richtung oder der Sinn im Leben.
• Sie haben wenig Kontrolle über Ihre Stimmungen.
• Sie sind unentschlossen.
• Sie bemerken emotionale Dysfunktionen bei sich selbst.
• Sie fühlen sich missverstanden oder falsch interpretiert.
• Sie erleiden Depressionen.
• Sie leiden unter Angstzuständen.

Mentale Anzeichen:

• Sie finden es schwierig, sich zu konzentrieren und mehrere Aufgaben gleichzeitig zu bewältigen.
• Sie lassen sich leicht ablenken.
• Sie fühlen sich von der physischen Realität und dem gegenwärtigen Moment getrennt.
• Sie träumen oft tagsüber.

• Sie fühlen, als würden Sie durch eine Art geistigen Nebel gehen.

• Sie suchen ständig nach einem Ausweg aus der Realität.

• Ihnen fehlt der Fokus.

• Sie sind unentschlossen.

• Sie erleben negative Bewusstseinszustände.

Diese Symptome, die darauf hinweisen, dass wir nicht geerdet sind, können in unserem Alltag so tief verwurzelt sein, dass wir sie vielleicht gar nicht bemerken. **Um sie wahrzunehmen, richten Sie Ihre Aufmerksamkeit mehrmals täglich auf Ihren Körper.** Nehmen Sie sich ein paar Momente Zeit, um mit Ihrem Bewusstsein Ihren Körper von Kopf bis Fuß zu überprüfen und dabei auf die von uns erwähnten Ungleichgewichtssymptome zu achten.

—

ANMERKUNG: Negative Bewusstseinszustände sind zahlreich. Ein "Armutsbewusstsein" zum Beispiel ist ein System von unbewussten Glaubenssätzen, das durch selbst auferlegte Beschränkungen die Möglichkeiten des Wohlstands in unserem Leben erstickt. Alternativ ist ein "Verfolgungsbewusstsein" ein unbewusstes Glaubenssystem, bei dem man sich verfolgt fühlt. Dies könnte ein Überbleibsel aus unseren früheren Leben sein, insbesondere das Gefühl, für eine Sache verfolgt zu werden, wie die Gleichheit aller Menschen oder das Recht auf ungefilterte und unvoreingenommene Wahrheit usw. Tatsächlich leben unsere vergangenen Leben weiterhin in uns, durch ungelöstes Karma. Seien Sie sich jedoch bewusst, dass, wenn Lektionen aus unseren vergangenen Leben noch gelernt werden müssen, Synchronizitäten im Zusammenhang mit diesen vergangenen Erfahrungen auftreten. Ein negativer Bewusstseinszustand oder ein emotionaler Auslöser, dessen Ursache Ihnen nicht bewusst ist, könnte seine Wurzeln in einem früheren Leben haben.

Wie man sich jederzeit und überall erdet

Die drei Energie-Rituale, die wir gleich erkunden werden, können zu Hause und nahezu überall sonst durchgeführt werden. Sie sind so gestaltet, dass sie direkt nach dem Aufwachen am Morgen, kurz bevor Sie ins Bett gehen oder immer dann eingesetzt werden können, wenn Sie eine sofortige Antwort benötigen – zum Beispiel, wenn Sie sich bei der Arbeit, in der Schule oder an einem öffentlichen Ort unwohl fühlen.

Um diese Rituale umzusetzen, braucht es nur ein wenig Willenskraft und Selbstdisziplin. Als Ausdruck des göttlichen Maskulinen dient die Selbstdisziplin dem göttlichen Femininen in seinem Schöpfungsprozess, indem sie dabei hilft, alte Muster durch Willen und Fokus zu durchbrechen. Für Wachstum ist es ständig notwendig, aus unserer Komfortzone herauszutreten, um sie zu erweitern. Dies beinhaltet den Widerstand gegen alte Gedanken- und Handlungsmuster, die automatisch geworden sind, damit neue integriert werden können. Selbstdisziplin zwingt Sie dazu, auf eine bestimmte Weise zu denken oder zu handeln, mit einem persönlichen und wohlwollenden Zweck im Hinterkopf. Zum Beispiel können Affirmationen eine Form der Selbstdisziplin sein. Sich einem Morgenritual zu verpflichten erfordert Selbstdisziplin. Anfangs haben Sie vielleicht keine Lust dazu, aber danach fühlen Sie sich besser und sind froh, dass Sie es getan haben.

Praktische Erdungsübungen

Regelmäßige Übung vertieft die eigenen Wurzeln.

Das Ziel dieser Rituale besteht darin, eine Transmutation in Ihnen zu initiieren - das bedeutet, die Energie in Ihnen von einer niedrigeren Vibrationsfrequenz auf eine höhere umzuwandeln.

Körperbewusstseins-Meditation

Konzentrieren Sie sich auf die Basis Ihrer Wirbelsäule. Während Sie sich konzentrieren, versuchen Sie, ein Schweregefühl in diesem Bereich zu spüren, als ob Ihr ganzes Sein in Ihr Wurzelchakra sinkt und diese Erdung Sie entspannt.

Bringen Sie all Ihr Bewusstsein, Ihre Energie und Ihre Aufmerksamkeit in diesen Bereich. Stellen Sie sich vor, dass Ihr gesamter Körper sich zusammenzieht und in dieses Chakra eintritt. Diese Übung stimuliert das Energiegleichgewicht des Wurzelchakras und hilft Ihnen, Ihre Energie zu konsolidieren, indem Sie Ihre Aura straffen, um den Energieverlust zu stoppen und jegliche parasitären negativen Energien in Ihnen freizusetzen.

Visualisierung der Wurzelverbindung

Visualisieren Sie Ihre Verbindung zur Erde als ein rotes oder goldenes Kabel, das die Basis Ihrer Wirbelsäule mit dem Herzen der Erde verbindet. Konzentrieren Sie sich auf das physische Gefühl der Einheit mit dem Planeten, als ob er sich mit Ihnen bewegt und Sie sich mit ihm, als wären Sie eins. Sobald Sie starke Bilder und Empfindungen geschaffen haben, verbinden Sie sich mit Ihrem Atem. Beim Einatmen visualisieren Sie die Energie Ihrer inneren Erde, die durch diese Nabelschnur aufsteigt. Beim Ausatmen sehen Sie die stagnierenden negativen Energien in Ihnen, die durch diese Schnur freigesetzt werden und von Ihrer inneren Sonne verbrannt werden.

Erd-Symbiotisches Atmen

Hier ist eine hervorragende Erdungsübung: Stellen Sie sich eine "atmende Symbiose" zwischen Ihnen und der Erde vor. Finden Sie einen ruhigen Ort, setzen (oder legen) Sie sich bequem hin. Schließen Sie die Augen und nehmen Sie einige tiefe Atemzüge, um sich zu zentrieren. **Stellen Sie sich jetzt vor, wie die Erde im Einklang mit Ihnen atmet.** Bei jedem Einatmen visualisieren Sie die vitale Energie der Erde, die durch Ihre Füße aufsteigt, durch Ihren Körper zirkuliert und jede Zelle revitalisiert. Beim Ausatmen fühlen Sie alle Ihre Spannungen, Sorgen und negative Energie aus

Ihnen herausfließen und kehren zur Erde zurück, um neutralisiert zu werden.

Während dieser wunderbaren Übung versuchen Sie, eine tiefe Verbindung, einen harmonischen Zyklus und einen fruchtbaren Austausch zwischen Ihnen und der Erde zu spüren. Dieser symbiotische Austausch wird Sie fest erden, Ihre Energie ausgleichen und Ihr Zugehörigkeitsgefühl zu dieser Welt und allem, was in ihr lebt und atmet, stärken.

Visualisierung von Naturszenen

Sie können sich auch einfach in der Natur vorstellen, an einem abgeschiedenen und malerischen Ort Ihrer Wahl. Nutzen Sie Ihre Vorstellungskraft, um es mit allen fünf Sinnen so lebendig wie möglich zu erleben. Erwecken Sie es voll zum Leben. Sie können sich gerne von Orten, die Sie gesehen oder besucht haben, inspirieren lassen, um die Szene in Ihrem Kopf zu gestalten. Senden Sie Liebe und Dankbarkeit an Mutter Erde und genießen Sie dieses Erlebnis. Diese Übung kann besonders hilfreich für diejenigen sein, die in großen städtischen Zentren leben und keinen häufigen und leichten Zugang zur Natur haben.

Erdung mit den Elementen der Natur

Einige der folgenden Techniken erfordern nicht unbedingt direkte Ausflüge in die Natur (obwohl es empfohlen wird), andere schon. Alle ermöglichen es Ihnen, die Natur zu nutzen, um tiefer in sich selbst einzutauchen. Sie können diese Techniken mit grundlegenden geistigen Übungen wie der Visualisierung kombinieren, um ihre Wirkung zu verstärken, wenn Sie sofort auf ein energetisches Ungleichgewicht reagieren müssen, ohne die Möglichkeit zu haben, nach draußen zu gehen.

Bevor Sie beginnen, nehmen Sie eine Dusche. Das Wasser aus den Leitungen ist mit der Erde verbunden, sodass das Wasser selbst eine negative Ladung trägt. Wenn Sie einige Momente unter diesem Wasser stehen, wird die Elektrizität Ihres Körpers geerdet. Dies funktioniert jedoch nicht bei einem Bad. Jetzt werden wir zwei primäre und höchst effektive Techniken untersuchen, um sich mit der Natur zu erden, gefolgt von einigen zusätzlichen Tipps.

Direkter Kontakt mit der Erde

Sie haben wahrscheinlich schon gehört, dass das Stehen oder Gehen mit bloßen Füßen auf dem Boden Ihren Körper elektrisch mit der Erde verbindet. Das ist in der Tat zutreffend und sehr vorteilhaft, und ich ermutige Sie, dies regelmäßig zu tun.

Sie können auch barfuß hocken. Warum? Die Hockposition verbessert den Erdungsprozess erheblich, weil Ihre Knie Chakren haben, die sich öffnen, wenn sie gebeugt sind, wodurch die Energie frei zwischen Ihren Beinen fließen kann.

Wenn Sie längere Zeit mit durchgestreckten Knien stehen, werden Sie feststellen, dass Sie schnell müde werden. Wenn Sie jedoch mit leicht gebeugten Knien stehen, gibt es Ihnen Energie. Probieren Sie es das nächste Mal aus, wenn Sie auf den Transport warten oder irgendwo in einer Schlange stehen.

So wird es gemacht:

• **Suchen** Sie sich eine Stelle mit nackter Erde, oder sogar Gras oder Sand, und stellen Sie sich barfuß darauf.
• **Beugen** Sie die Knie so, dass sich Ihr Kopf um einige Zentimeter senkt. Achten Sie auf die Position Ihres Steißbeins. Lassen Sie es direkt zum Boden sinken, ohne Ihren Rücken durchzubiegen. Halten Sie das Steißbein, die Wirbelsäule und den

Nacken ausgerichtet, als würde ein Seil Sie von der Oberseite Ihres Kopfes ziehen.

• **Lassen** Sie Ihren Körper natürlich mit der Schwerkraft entspannen.

• **Atmen** Sie tief und vollständig.

• **Entspannen** Sie Ihre Muskeln.

• **Konzentrieren** Sie Ihr Bewusstsein auf Ihre Beine und spüren Sie das volle Gewicht, das auf die Muskulatur drückt, während der Rest Ihres Körpers entspannt bleibt.

• **Halten** Sie diese Position so lange wie möglich. Eine Hockposition aufrechtzuerhalten, öffnet Ihre Energiekanäle stärker als kurze Wiederholungen.

Sie können diese Technik nutzen, wann immer Sie sie benötigen.

Kommunion mit der Energie der Bäume

Die Verbindung zu Bäumen erdet Sie zur Erde. Die kraftvolle Energie, die von Bäumen ausgestrahlt wird, hilft, Ihre eigenen Energiekanäle zu öffnen. **Mit dem Rücken an einen Baum gelehnt,** können negative Energien, die in Ihren Kanälen blockiert sind und Sie mit anderen Menschen verbinden, effektiv vertrieben werden.

Setzen Sie sich bequem hin, so dass Ihre Wirbelsäule gerade ist und an einen Baum gedrückt wird. Bringen Sie eine Decke mit, wenn das für Sie bequemer ist. Atmen Sie tief durch und entspannen Sie sich. Sie können eine Meditationspraxis Ihrer Wahl durchführen oder einfach Ihren Gedanken freien Lauf lassen. Denken Sie daran: Je mehr Sie atmen und Ihren Körper entspannen, desto mehr können sich Ihre Energiekanäle öffnen. Dies ermöglicht es der Energie der Erde, Sie zu erfüllen und die in Ihnen stagnierenden negativen Energien zu vertreiben.

Variation: **Sie können auch einen Baum umarmen**. Es ist eine wunderschöne und kraftvolle Erfahrung, die eine Liebe zwischen Ihnen und der Natur fördert.

Andere Techniken

Neben diesen spezifischen Methoden gibt es hier einige Tipps, die Sie so oft wie möglich anwenden können:

• **Verwenden Sie eine Erdungsmatte oder -decke**, die über eine einfache Steckdose mit dem Boden verbunden ist. Sie können diese Matten leicht online kaufen.

• **Beobachten** und **schätzen** Sie die Natur: Sonnenuntergänge, Blumen, Vegetation, Gewässer usw. Dies steigert Ihr Bewusstsein und den Fluss der Lebensenergie in Ihnen. Es kann Ihnen auch eine breitere Perspektive auf das Leben geben, Ihre Kreativität entfachen und Ihnen helfen, sich von den Inhalten Ihres Geistes zu lösen.

• Machen Sie **Yoga** oder Dehnübungen im Freien und ohne Matte.

• **Meditieren Sie in der Natur**, in einem Park, einem Wald oder an einem Fluss, um in Ihnen ein Gefühl der Einheit mit allen Lebewesen zu wecken.

• **Gehen Sie schwimmen**, vorzugsweise im Meer oder Ozean.

• Verwenden Sie regelmäßig **Blütenessenzen** und **ätherische Öle.**

• Verbringen Sie Zeit mit **Tieren.**

• Erstellen Sie zu Hause einen kleinen **Naturaltar** mit natürlichen Elementen wie Steinen, Kristallen, Blättern, Blumen, einem Brunnen ... Dies fördert die Erdung.

• Verbinden Sie **Ihren Kopf in einer Gebetsposition mit dem Boden**, indem Sie die Erde mit Ihrem dritten Auge berühren.

In Sachen Ernährung

Essen Sie **Wurzelgemüse** wie Kartoffeln, Rote Beete, Karotten, Süßkartoffeln und Sellerie. Noch wichtiger ist es jedoch, sich nicht strikt an eine von jemand anderem erstellte Diät zu halten. Essen Sie basierend auf den Empfindungen, die ein Lebensmittel Ihrem Körper vermittelt, und darauf, wie Sie sich vor dessen Verzehr fühlen. Dies wird als "intuitives Essen" bezeichnet und wird Ihnen helfen, die richtigen Entscheidungen zu treffen.

Im Allgemeinen sollten Sie so viele **natürliche Elemente** wie möglich in Ihren Alltag integrieren: Trinken Sie reines, Quell- oder gefiltertes Wasser; essen Sie frische und biologische Lebensmittel; lernen Sie, natürliche Produkte für die Körperpflege und Haushaltsreinigung herzustellen und zu verwenden.

Zu Hause

Erwägen Sie die Anwendung von **Feng Shui**, dem System, das die Anordnung und Ausrichtung von Räumen nach dem Energiefluss innerhalb eines Raumes, Hauses oder Gebäudes regelt. Empathische Menschen können besonders empfindlich auf den Energiefluss in einem Raum reagieren und sich unwohl fühlen, wenn die Energie blockiert oder stagnierend ist.

> *Marie, eine Empathin, fühlte oft Schwere und Angst in ihrem Wohnzimmer. Nach einer Beratung durch einen Feng Shui-Experten arrangierte sie ihre Möbel neu, um einen besseren Energiefluss zu fördern. Sie fügte auch Pflanzen und ein kleines Wasserspiel hinzu, um den Raum mit natürlichen Elementen zu verbinden. Schnell bemerkte Marie eine Verbesserung ihres Wohlbefindens und fühlte eine Harmonie, sobald sie den Raum betrat.*

Auswirkungen des energetischen Erdens

Wenn Sie geerdet sind, ist jeder Tag eine Wiedergeburt.

Die positiven Effekte eines guten energetischen Erdens sind zahlreich, sei es auf Ihren physischen Körper, den energetischen Körper, Ihre Emotionen oder den Geist. Tatsächlich reichen seine Auswirkungen sogar darüber hinaus und können direkt das Universum beeinflussen, in dem Sie agieren. Tatsächlich verändert sich die "äußere Realität", wenn sich Ihre innere Landschaft transformiert.

Positive Auswirkungen auf den physischen Körper

• Reguliert biologische Rhythmen, einschließlich des zirkadianen Rhythmus und Menstruationszyklus
• Steigert die Energielevel
• Fördert die Blutzirkulation
• Reduziert Entzündungen durch Neutralisierung überschüssiger positiver Elektronen

• Verbessert die Schlafqualität

• Lindert Muskelverspannungen, einschließlich Kopfschmerzen und Migräne

• Schützt den Körper vor Strahlungen, wie sie von Handys und Computern ausgehen

• Vermindert chronische Schmerzen

Positive Auswirkungen auf den energetischen Körper

• Erhöht die Lebenskraftenergie

• Öffnet die Energiekanäle und ermöglicht es dem energetischen Körper, sich zu reinigen

• Reinigt die Aura, indem sie hilft, negative Energien freizusetzen

• Stabilisiert und balanciert die Chakren

• Stärkt die Verbindung zur Erde

• Erweitert intuitive Heilfähigkeiten

Positive Auswirkungen auf Emotionen und Geist

• Fördert die Ruhe durch Reduzierung von Stresshormonen

• Verbessert die geistige Klarheit und Konzentration

• Hilft, sich von aufdringlichen Gedanken zu lösen

• Unterstützt die Stimmungsregulierung

• Vermindert Ängste

• Emotionale Stabilität angesichts von Herausforderungen

• Stärkt das Selbstbild

• Steigert das Selbstwertgefühl

• Stärkt die Widerstandsfähigkeit in schwierigen Situationen

• Fördert eine positivere und optimistischere Lebensanschauung

• Verbessert die Geduld und Toleranz gegenüber anderen

• Ermöglicht offene und ehrliche Kommunikation.

WISSENSWERT:

• Das **Selbstbild** wird durch Ihre Gedanken und Überzeugungen über sich selbst bestimmt und bildet Ihr Gesamtkonzept von dem, wer Sie sind. Das Selbstbild wird oft durch Erinnerungen und durch die Meinung anderer über uns gestützt, aber wir können unsere Gedanken und Überzeugungen neu programmieren, um das Bild von uns zu unterstützen, das wir haben möchten.

• Das **Selbstwertgefühl** bezieht sich darauf, wie Sie sich über sich selbst fühlen. Dieses Gefühl beeinflusst in hohem Maße Ihre Schwingungsfrequenz und das, was Sie in Ihr Leben ziehen, aufgrund des Gesetzes der Anziehung. Ihr Selbstwert wird durch Ihr Selbstbild beeinflusst, aber Sie können sich auch ohne besonderen Grund gut fühlen, wenn Sie Gedanken beiseitelegen und sich auf das Gefühl konzentrieren.

Positive Auswirkungen in Ihrem täglichen Leben

• Zunahme von Synchronizitäten

• Erweiterte Fähigkeit, mit dem "Gesetz der Anziehung" zu arbeiten

• Gestärkte zwischenmenschliche Beziehungen, präsentere "geerdete" Anwesenheit

Der Begriff "Synchronizität" bezieht sich auf Gedanken oder Realitätsereignisse, die in bedeutender Weise miteinander verbunden sind oder mit Ihren Absichten und Wünschen, obwohl es keine logische Erklärung zu geben scheint. In Wirklichkeit ist es das Unterbewusstsein, das die Quantenrealität basierend auf seinem Fokus filtert. Es ist, als ob Gott oder das Universum Ihnen zuhört, antwortet oder sogar mit Ihnen kommuniziert.

Sich in Gesellschaft erden

Diese Tipps gelten, ob Sie in der Anwesenheit einer einzelnen Person, einer Gruppe oder einer ganzen Menschenmenge sind.

Energie freisetzen: Sagen Sie laut: "Ich lasse alles los, was nicht mir gehört, jetzt!" Wenn Sie sich an einem öffentlichen Ort befinden, können Sie dies auch gedanklich äußern. Sie können es einmal sagen oder so oft Sie möchten. Halten Sie Ihr Bewusstsein auf Ihren Körper gerichtet und achten Sie auf jegliche Veränderungen.

Körperbewusstsein in einer Menschenmenge: Wenn Sie sich an einem überfüllten öffentlichen Ort befinden und das Gefühl haben, dass Ihre Energie negativ beeinflusst wird, können Sie einen der folgenden Tricks verwenden oder eine Kombination aus ihnen probieren:

• Richten Sie Ihr Bewusstsein auf Ihre Füße, während Sie gehen. Sie können sich auch auf einen anderen Teil Ihres Körpers konzentrieren, wenn Sie möchten, wie z.B. auf Ihr Herz.

• Halten Sie Ihr Bewusstsein auf Ihren Atem gerichtet und spüren Sie, wie er sich in Ihrem Körper bewegt.

• Stellen Sie sich vor, wie Ihre Aura Sie umgibt.

Später in diesem Buch werden wir tiefer auf das Thema der Aura eingehen, die sowohl für das Erden als auch für den energetischen Schutz von großer Bedeutung ist.

Sich erden und präsent bleiben, wenn man mit anderen interagiert

Wenn Sie mit jemandem sprechen müssen, kann dies eine energetische Herausforderung darstellen, die Sie entweder bereichert oder erschöpft. In solchen Momenten müssen Sie wissen, wie Sie geerdet bleiben, sowohl um sich selbst zu schützen als auch um flüssig und authentisch zu kommunizieren. Indem Sie die folgenden Tipps absichtlich und bewusst anwenden, lernen Sie, eine geerdete, positive und mitfühlende Präsenz unter anderen zu pflegen. Ihre Interaktionen werden bereichernder sein und Ihrem persönlichen Wachstum (und dem der anderen) zugutekommen, anstatt Sie herunterzuziehen.

Wie machen Sie das? Stellen Sie zunächst sicher, dass Sie der Person, mit der Sie sprechen, aktiv und vollständig **zuhören**. Dadurch bleiben Sie geerdet und fördern einen reichen und respektvollen Austausch. **Achten Sie beim Sprechen und Zuhören auf Ihren Atem**, um ein gutes energetisches Gleichgewicht und geistige Klarheit zu bewahren. Mit jedem Atemzug können Sie sich auch vorstellen, wie Ihre Wurzeln tief in die Erde reichen, was Ihre Energie weiter stabilisiert, besonders wenn Sie sich angespannt fühlen oder die andere Person es tut.

In Bezug auf die Kommunikation lautet der beste Rat, Ihre Worte mit der **Wahrheit, Aufrichtigkeit und Authentizität** in Ihnen in Einklang zu bringen. Sprechen Sie nicht, um zu beeindrucken oder um die Person vor Ihnen zu besänftigen; sagen Sie einfach, was sich für Sie richtig anfühlt, immer ruhig und freundlich, aber auch bestimmt und selbstbewusst. Diese Praxis, die sich im Laufe der Zeit entwickeln wird, wird Ihr Erdungsgefühl erheblich stärken und Ihre Kommunikationsweise verändern, was zu ehrlicheren, konstruktiveren und aufschlussreicheren Interaktionen führt.

Wenn Sie an einen überfüllten Ort gehen oder irgendwohin, wo Sie im Mittelpunkt stehen, stellen Sie sich vor, wie Sie von einer schützenden Lichtblase umgeben sind. Dies wird auch in stark geladenen Umgebungen als wirksamer Schutzschild dienen.

Die Kraft der Sprache oder der Gebrauch von Worten

Worte haben die Macht zu inspirieren, zu heilen und zu verwandeln.

„Sprechroutinen" sind energetische Rituale, die den Gebrauch von gesprochener oder geschriebener Sprache beinhalten, um eine energetische Veränderung herbeizuführen. Sie könnten bei Individuen bevorzugt werden, die Worte schätzen und sie der Visualisierung vorziehen.

Hier sind einige Sprechroutinen, die Sie nutzen können, um Ihre Energie zu lenken und zu verändern.

Dankbarkeitsrituale

In Wirklichkeit können Dankbarkeitsrituale auf Worten oder Visualisierungen (oder beidem) basieren, je nach Ihren Vorlieben. Wenn es Ihnen mehr Frieden bringt, eine Liste von Dingen zu schreiben, für die Sie dankbar sind, als sich hinzusetzen und zu visualisieren, wofür Sie dankbar sind, dann nutzen Sie diese

Technik. Experimentieren Sie mit Schreiben und Visualisierung, um herauszufinden, was für Sie am effektivsten ist. Einige finden, dass das Schreiben ihnen hilft, sich mehr auf ihre Gedanken zu konzentrieren, während andere das Gefühl haben, dass die Visualisierung ihnen hilft, zentrierter in ihrem Körper zu bleiben, wodurch ein stärkeres Gefühl entsteht.

Schreiben Sie eine Liste von Dingen, für die Sie dankbar sind. Beginnen Sie mit den grundlegendsten und unmittelbarsten Dingen, jenen, die Ihnen täglichen Komfort bieten und die Sie vielleicht als selbstverständlich ansehen. Bei dieser Übung geht es darum, die Perspektive zu verändern. Sie können auch ein "Dankbarkeitstagebuch" führen, um sicherzustellen, dass Sie sich täglich ein paar Minuten für diese einfache Übung nehmen.

Ihre Absichten festlegen

Eine Absicht ist ein Geisteszustand, in dem man bewusst einen Zweck setzt. An ihrem Kern steht oft eine Emotion, die hinter einem Gedanken oder einer Handlung verborgen ist. Im Grunde sind wir emotionale Wesen. Neurowissenschaftler behaupten, dass die Logik nur einen kleinen Prozentsatz unserer Denkprozesse ausmacht. Die Neurowissenschaft hat gezeigt, dass wir emotionale Entscheidungen treffen, auch wenn wir denken, dass wir logische Entscheidungen treffen. Unsere "Logik" wird immer von einer emotionalen Begründung unterstützt.

Je mehr Sie sich Ihrer Absichten bewusst werden, desto besser können Sie die tiefe Natur Ihrer Gedanken und Handlungen entschlüsseln und verstehen und desto mehr Macht haben Sie, Ihre Verhaltensmuster zu ändern, anzupassen oder zu transformieren.

Was ist der Unterschied zwischen einer Absicht und einem Ziel? Jeden Tag ins Fitnessstudio zu gehen, ist ein Ziel, und Ihre Absicht ist der Grund für dieses Ziel. Ihnen mag dies bewusst oder unbewusst sein. In diesem Beispiel des Gangs ins Fitnessstudio könnte es eine unbewusste Absicht zur Selbstbestrafung aufgrund von Selbsthass und Ekel geben. In solchen Fällen sind Sie sich oft nur Ihres oberflächlichen Ziels bewusst, welches darin besteht, einen flachen Bauch zu haben. Andererseits könnte die Absicht Selbstliebe sein. Unabhängig vom Ziel kann die Absicht immer variieren.

Am Morgen können Sie beispielsweise eine Absicht dafür definieren und schaffen, wie Sie sich den ganzen Tag über fühlen möchten. Sie können auch Ziele für das setzen, was Sie heute erreichen möchten, aber Ihre Handlungen sollten aus der Absicht entstehen, das zu fühlen, was Sie fühlen möchten - zum Beispiel, sich selbstsicher, glücklich, entspannt, inspiriert usw. zu fühlen. Indem Sie diese Absicht setzen, lenken Sie Ihr Bewusstsein auf diese Gefühle, welche Ihre Energie in die gewünschte Richtung lenken werden.

Affirmationen und Mantras

Affirmationen und Mantras sind Worte oder Sätze, die Sie laut aussprechen, um mentale und energetische Veränderungen zu bewirken. Je öfter Sie etwas hören oder sagen, desto stärker verankert es sich in Ihrem Unterbewusstsein. Worte sind wie Samen, die sich in Ihrem Unterbewusstsein pflanzen und dann durch das Gesetz der Anziehung in Ihrer Realität wiederspiegeln, was Sie gesät haben. Wenn Sie mehr über das Gesetz der Anziehung oder Affirmationen erfahren möchten, empfehle ich den Film oder das Buch "The Secret" von Rhonda Byrne.

Affirmationen sollten sofort Ihre Stimmung verbessern. Sie können sie mit Emotionen durchtränken und Bilder visualisieren, um den Prozess zu unterstützen. All dies verstärkt die Wirkung der Affirmationen. Das Ziel ist, den Kurs zu ändern und Ihr Bewusstsein dort zu halten, wo Sie es haben möchten.

Befolgen Sie diese Tipps, um Affirmationen effektiv zu nutzen:

• Sie **laut auszusprechen** ist wirkungsvoller als nur mental, obwohl auch letzteres funktioniert.
• **Schreiben** Sie eine Affirmation auf und legen Sie sie auf einen Nachttisch oder an eine Wand. Dies programmiert Ihr Unterbewusstsein, ohne dass Sie es merken.

• **Nehmen Sie sich auf**, wie Sie Affirmationen sagen, und spielen Sie sie **wiederholt ab**. Sie können Hintergrundmusik hinzufügen.

• Affirmationen sollten im **Präsens sein**. Zum Beispiel: "Ich bin" anstatt "Ich werde sein".

Ein Tagebuch führen

Ihre Gedanken, insbesondere ängstliche, auf Papier zu bringen, kann dem Geist enorme Erleichterung verschaffen. Es fühlt sich wirklich wie eine Befreiung an. Wenn Sie sich von Emotionen überwältigt fühlen, werden Sie buchstäblich eine erleichternde Wirkung erfahren. Das ist die Kraft, Ihre Energie durch Gedanken auszudrücken, die als Kanäle wirken. Wenn unterdrückte Teile von Ihnen gehört werden, resultiert daraus eine interne Stabilisierung.

Wie jedes Energie-Ritual ist es eine ausgezeichnete Gewohnheit, regelmäßig ein Tagebuch zu führen. Mit der Zeit werden Sie immer mehr Vorteile daraus ziehen. Investieren Sie in ein spezielles Schreibbuch zu diesem Zweck.

Meditation

Meditation ist in gewisser Weise ein Energie-Ritual und das bekannteste. Es wird seit der Antike in fast allen Traditionen praktiziert. Moderne Wissenschaftler haben herausgefunden, dass regelmäßige Praxis den Stresspegel reduziert, die Energie steigert, die Stimmung stabilisiert und sogar die Gehirnfunktionen verbessert. Zweifellos resultieren diese Vorteile aus der Anpassung der Schwingungsfrequenz.

Es ist entscheidend, Ihren Geist zu trainieren, positive Gedanken zu haben. Denken Sie jedoch auch daran, dass Gedankenformen nicht um die Vorherrschaft in Ihrem Geist kämpfen müssen, denn Sie können in Frieden sein, ungeachtet der Gedanken, die in Ihnen aufkommen. Das ist die Kunst der Meditation: Sich von Ihren automatischen Mustern und Filtern zu lösen und sich mit dem Bewusstsein des gegenwärtigen Moments zu verbinden, anstatt mit den Gedanken, die Sie beobachten. Das Ziel ist es, Ihre Gedanken zu beobachten, anstatt von ihnen mitgerissen zu werden.

Anleitung für Anfänger

Neulinge fühlen sich oft von dem Wort "Meditation" eingeschüchtert, als wäre es eine unglaublich herausfordernde Praxis. Wenn Sie völlig neu in der Meditation sind, versuchen Sie, den untenstehenden Schritten zu folgen. Der Schlüssel ist, nicht zu viel über Meditation nachzudenken. Zweifeln Sie nicht an Ihrer Fähigkeit zur Meditation. Jeder kann meditieren, indem er einfachen Schritten folgt.

• Stellen Sie einen Timer auf 10 Minuten und setzen Sie sich bequem hin.

• Nehmen Sie tiefe Atemzüge. Beim Ausatmen lassen Sie alle Ihre Muskeln entspannen. Je mehr Ihr Körper sich entspannt, desto mehr kann es auch Ihr Geist.

• Fokussieren Sie Ihre Aufmerksamkeit auf Ihren Atem. Achten Sie auf die Empfindungen, die das Ein- und Ausatmen in Ihnen erzeugt.

• Lassen Sie alle Anhaftungen an Ihre Gedanken los. Beobachten Sie sie einfach, wie sie vorbeiziehen, als wären sie außerhalb von Ihnen. Indem Sie sich nicht mit ihnen identifizieren, lassen Sie nicht zu, dass sie Sie in ihrem Sog mitreißen.

• Halten Sie Ihre Aufmerksamkeit auf Ihrem Atem. Wenn sich Ihr Fokus auf Ihre Gedanken verlagert, was zu Beginn häufig vorkommt, lassen Sie diese los, sobald Sie sie bemerken, und richten Sie Ihre Aufmerksamkeit wieder auf Ihren Atem.

Öffnen Sie Ihre Augen, wenn der Timer abläuft.

Verwendung von "positiven Auslösern" (Positive Triggers)

Die Verwendung von positiven Auslösern ist eine Strategie, um schnell zu "wechseln", wenn automatisch negative Gedanken auftreten.

Ein positiver Auslöser kann eingesetzt werden, wenn Sie alte Programmierungen in sich bemerken, wie Angst oder Zweifel, um das Muster zu durchbrechen. Es könnte ein Mantra sein, das Sie beginnen, sich selbst zu wiederholen, mental oder laut, wie "Ich liebe mich" oder "Ich habe Erfolg in allem, was ich unternehme", oder sagen Sie "Ich vertraue dem Universum" als Antwort auf einen negativen Gedanken. Es könnte auch etwas Leichteres sein, wie das Singen eines Liedes, das Sie lieben, Tanzen oder eine kreative Tätigkeit ausüben. Diese Handlungen könnten ausreichen, um Ihre alten Muster zu durchbrechen.

Verwendung von "Vision Boards" (Visionstafeln)

Ein Vision Board ist ein Werkzeug, das Sie selbst erstellen, welches Ihnen hilft, Ihren Geist mit positiven Überzeugungen über sich selbst umzuprogrammieren. Es kann Worte, Affirmationen, Bilder usw. enthalten, alles, was ein Gefühl von hohem Selbstwert in Ihnen weckt, wenn Sie es betrachten.

Sie können es auch nutzen, um Ihren emotionalen Zustand zu verbessern, indem Sie sich auf hochschwingende Gedanken oder tiefe Wahrheiten über sich selbst und das Universum konzentrieren. Gestalten Sie es basierend darauf, was Ihnen ein gutes Gefühl gibt, was Sie beruhigt und Ihnen Trost bringt.

Die Aura

Die Aura ist das Spiegelbild der Seele. Sie täuscht niemals.

Wie Sie vielleicht wissen, wird Ihr Körper von einem energetischen Körper belebt, der Ihren physischen Körper überlagert. Dieser energetische Körper erzeugt ein kraftvolles elektromagnetisches Feld um Sie herum, das eine subtile leuchtende Strahlung aussendet, die als "Aura" bezeichnet wird. Die meisten Menschen können die Aura nicht wahrnehmen, aber einige sehen sie als ein strahlendes Farbspektrum um eine Person herum.

Eine Aura kann jede Farbe des Spektrums annehmen und sich basierend auf den mentalen und emotionalen Veränderungen in Ihnen verschieben. Unabhängig von ihrer Farbe ist das Gefühl der Aura aussagekräftiger. Empathen können die Aura derjenigen lesen, denen sie nahekommen.

Die Aura ist der Ort, an dem Energieaustausch mit anderen stattfindet und wo Energievampire in Ihr Energiefeld "beißen" können. Es ist Ihre energetische Grenze.

Diese energetische Grenze ist direkt mit Ihrem Geist verbunden. Ihr Ego kann als Ihr Sinn oder Konzept des Selbst betrachtet werden. Wenn Sie keine starken egozentrischen Grenzen haben, die schützen, was Sie zu sein glauben (was dann all Ihr Verhalten und Handeln beeinflusst), wird Ihre Aura porös.

Auch Ihre Emotionen bestimmen die Schwingung Ihrer Aura. Eine poröse Aura kann zu Stimmungsschwankungen und emotionaler Dysfunktion führen, da der externe Einfluss auf Ihre innere Welt verstärkt wird.

Die Stärke Ihres physischen Körpers ist auch mit der Stärke Ihrer Aura verbunden. Physische Gesundheit und biochemisches Gleichgewicht stärken Ihre Aura, indem sie die in ihr vorhandenen "Löcher" stopfen.

Mentale Klarheit und Stimmungsverbesserung können auch durch Aurareinigungsrituale erreicht werden, die für Empathen entscheidend sind, da sie Anhaftungen an negative Entitäten beseitigen.

WICHTIGSTE ERKENNTNIS: Die Aura ist das eiförmige Energiefeld, das sich von Ihrem energetischen Körper um Sie herum erstreckt. Sie dient als energetische Grenze um Sie herum, ähnlich wie Ihre Haut Ihren physischen Körper umgibt. Wenn Sie

ein Empath sind und jemand Ihre Aura "betritt", können Sie leicht
ihre Gedanken und Gefühle lesen, indem Sie sie erleben.

67

Aura-Reinigungsrituale

Reinige deine Aura, reinige deine Seele.

Wie wir gerade besprochen haben, ist eine starke und gesunde Aura von größter Bedeutung. Die folgenden Aura-Reinigungsrituale zielen darauf ab, sie zu stärken und verleihen Ihnen zudem ein Gefühl der Entspannung und Reinigung, was sie ideal für das Ende des Tages macht.

Solarstrahlung Aura-Reinigung

Diese Technik, die aus alten schamanischen Praktiken stammt, basiert auf der energetischen Wechselwirkung zwischen der Sonne und unserer Aura.

Finden Sie einen ruhigen Ort im Freien während des Sonnenaufgangs oder Sonnenuntergangs. Atmen Sie tief durch, schließen Sie die Augen und spüren Sie die sanfte Berührung der Sonne. Visualisieren Sie ein reinigendes goldenes Licht, das aus dem Kosmos herabsteigt, durch die Krone Ihres Kopfes eintritt, durch jede Zelle Ihres Körpers fließt und Ihre Aura reinigt. Beim Ausatmen stellen Sie sich vor, wie negative Energien Ihren Körper als dunklen Rauch verlassen, der durch die Sonne in goldenes Licht verwandelt wird. Visualisieren Sie dann, wie dieses wohltuende goldene Licht um Sie herum eine schützende Hülle bildet, von der Spitze Ihres Kopfes bis zu Ihren Füßen. Drücken Sie Ihre Dankbarkeit gegenüber der Sonne und der Natur aus und berühren Sie dann den Boden, um diese neue Energie zu erden, bevor Sie Ihre Aktivitäten wieder aufnehmen.

Diese Technik stärkt Ihre Verbindung zu kosmischen und natürlichen Energien und bietet eine tiefe und heilige Reinigung Ihrer Aura.

"Fackel"-Reinigung

Denken Sie daran, dass Ihr Körper Visualisierungen als real wahrnimmt, da die gleichen Neuronen in Ihrem Gehirn aktiviert werden, als ob es tatsächlich geschehen würde. Wenn Visualisierungen leicht Ihren physischen Körper beeinflussen können, haben sie definitiv Einfluss auf Ihren energetischen Körper. Dies macht Visualisierung zu einem hervorragenden Werkzeug für Rituale und energetischen Schutz.

Stellen Sie sich Ihre Aura vor und wählen Sie die Farbe, die am besten zu Ihnen passt. Das "elektrische" Lila ist die am stärksten transformierende Farbe und arbeitet auf der höchsten Frequenz.

Visualisieren Sie, wie Ihre Aura mit einer elektrischen lilafarbenen Fackel gereinigt wird, die Ihren gesamten energetischen Körper reinigt. Säubern Sie jede Ecke Ihres Körpers, von Kopf bis Fuß. Wenn Sie beim Durchwandern Ihres Körpers mit Ihrem Bewusstsein Widerstandspunkte spüren, verweilen Sie länger in diesem Bereich. Während Sie diese Visualisierung praktizieren, sagen Sie, innerlich oder laut: "Ich verbrenne jetzt alle negativen Energien in mir."

Meersalz-Bäder

Dieses energetische Ritual beinhaltet die Verwendung von Meersalz (genau das, das Sie auch zum Kochen verwenden, nicht Badesalze) in einem Bad zur energetischen Reinigung. Sie können grobes Meersalz verwenden. Geben Sie eine großzügige Handvoll in ein heißes Bad. Wenn Sie möchten, können Sie Ihr Bad auch mit anderen energetisierenden oder entspannenden Gegenständen wie Kristallen oder Kerzen bereichern. Das Salz reinigt Ihre Aura und hilft, die Bindungen zu negativen Entitäten zu durchtrennen.

In Ihrem Bad visualisieren Sie Elemente wie Feuer, Wasser oder Kristalle, die die Grenzen Ihrer Aura umgeben und schützende Schilde bilden.

Zusätzliche Tipps

Hier sind drei einfache Tricks, die den physischen Körper einbeziehen und seinen biochemischen Zustand schnell verändern, um eine emotionale Veränderung herbeizuführen. Sie sind perfekt, um Ihren Tag auf der richtigen Frequenz zu starten.

• **Atmung**: Tiefes Atmen reinigt Ihr Blut, erhöht die Sauerstoffversorgung des Gehirns und der Muskeln, steigert die Energie und verbessert die geistige Klarheit und Stimmung. Wenn Sie sich morgens schlapp fühlen, können einige Atemübungen Ihren Zustand erheblich verändern.

• **Lächeln**: Sie haben vielleicht gehört, dass Lächeln eine physiologische Wirkung auf unsere Körperchemie hat. Es setzt tatsächlich Wohlfühlhormone frei und reduziert die Produktion von Stresshormonen. Dadurch beeinflusst es direkt unsere Stimmung. Das bedeutet, dass ein Lächeln nicht unbedingt eine Folge von Wohlbefinden sein muss, sondern auch dessen Ursache sein kann.

• **Exposition gegenüber natürlichem Licht**: Das Aussetzen Ihrer Augen gegenüber natürlichem Licht erhöht die Produktion von Serotonin und Vitamin D. Diese Hormone sind entscheidend für die Stimmungsregulation und das Ausbalancieren unseres gesamten Systems. Viele erleben Stimmungsschwankungen in kälteren Jahreszeiten, wenn es weniger Sonnenlicht gibt. Wenn Sie morgens (vorzugsweise in der ersten Stunde nach dem Aufwachen) nach draußen gehen und Ihre Augen dem natürlichen Licht aussetzen – selbst wenn die Sonne von Wolken verdeckt ist – steigert das Ihren Serotoninspiegel und verbessert damit sowohl Ihre Stimmung als auch die Schlafqualität.

Schutz für geliebte Menschen

Einer der größten Segnungen unserer Existenz ist die Fähigkeit, die uns nahestehenden Menschen zu lieben und zu schützen.

Auch wenn jeder Erwachsene für seine eigenen Entscheidungen verantwortlich ist, ist es immer möglich, unseren Lieben zu helfen, wenn sie in Not sind, besonders wenn sie darum bitten. Der Grundstein ist eine **aufrichtige, klare und positive Absicht**. Dies bildet die Basis, auf der der Schutz, den Sie bieten möchten, ruht.

Kreative Visualisierung folgt als Nächstes. Stellen Sie sich eine **Blase aus strahlend weißem Licht** vor, die die Person umhüllt, jegliche Form von Negativität abwehrt und gleichzeitig positive Energie fließen lässt. Ergänzen Sie nach Bedarf mit **positiven Affirmationen**, die wie verbale Rüstungen wirken und die Kraft der Worte nutzen, um Selbstvertrauen und energetischen Schutz zu stärken.

Auch die Natur bietet wieder unschätzbare Hilfsmittel, insbesondere bei Schutzsteinen wie **schwarzem Obsidian oder schwarzem Turmalin**, die mächtige Talismane gegen negative Energien sind.

Auf einer spirituelleren Ebene können **Gebete**, aber auch **Engelsanrufungen** unschätzbare himmlische Hilfe bringen. Bitten Sie Engel oder spirituelle Führer, über den Einzelnen zu wachen. Diese Wesen handeln immer im Einklang mit dem göttlichen Willen.

Schließlich kann eine **Meditation des Mitgefühls**, bei der Sie sich Ihre geliebte Person gesund, glücklich und geschützt vorstellen, für sie ein wohlwollendes energetisches Refugium schaffen.

Wenn die Person aufgeschlossen und offen ist, lehren Sie ihr die in diesem Buch behandelten Erdungstechniken und ermutigen Sie sie, zumindest ein Reinigungsritual mit Salbei, Weihrauch oder Salzbädern zur Reinigung ihrer Aura zu praktizieren.

Jede dieser Techniken, wenn sie mit Liebe und unter Beachtung individueller Werte praktiziert wird, fügt eine zusätzliche Schutzschicht hinzu und schafft ein robustes und wohlwollendes Refugium um die Person, der Sie helfen möchten.

Schlusswort

Jede Reise hat ein Ende, aber die gelernten Lektionen leuchten weiter.

Wir sind nun am Ende dieses Buches angelangt. Mein Ziel war es, dass es genauso praktisch wie informativ ist.

Denken Sie daran, dass der Schlüssel zu Ihrem energetischen Schutz in Ihren Händen liegt. Wenn Sie Ihre Schwingungsfrequenzen erhöhen und fest verankert bleiben, kann Ihnen nichts und niemand schaden oder Sie ausnutzen.

Nutzen Sie die verschiedenen Elemente, die ich in diesem Buch geteilt habe. Verwenden Sie diejenigen, die mit Ihnen in Resonanz gehen, und setzen Sie die anderen vorerst beiseite. Mit der Zeit werden Sie erkennen, was für Sie am besten funktioniert und was wirklich mit Ihrem Wesen übereinstimmt.

Vergessen Sie nicht, sich zu lieben und für sich selbst zu sorgen. Wenn Sie das tun, wird das Universum, die gesamte Schöpfung, keine andere Wahl haben, als Ihnen all die positiven

Schwingungen und Energien, die Sie in den Raum gesendet haben, hundertfach zurückzugeben.

Mögen Frieden und Glück Sie an jedem Tag Ihres Lebens begleiten!

Bevor Sie gehen

Wenn Ihnen dieses Buch gefallen hat, wenn Sie das Gefühl haben, dass es Ihnen in irgendeiner Weise geholfen hat, und wenn Sie glauben, dass es anderen helfen könnte, würden Sie sich einen Moment Zeit nehmen, um eine Online-Rezension zu hinterlassen? Folgen Sie einfach diesem Link:

Sie können es auch verschenken oder mit Ihren Lieben darüber sprechen oder es in Ihrer Community in sozialen Medien, Blogs und Websites, die Sie häufig besuchen, teilen.

Indem Sie dies für jedes Buch, jeden Artikel, jeden Film, jedes Album oder jedes Produkt, das Sie schätzen (nicht nur dieses), tun, verbreiten Sie positives und nützliches Wissen, unterstützen Autoren und Schöpfer und tragen so dazu bei, mehr Tugend in einer Welt zu verbreiten, die sie verzweifelt braucht. Dies ist es, was ich persönlich jedes Mal mache, wenn mich etwas bewegt.

Das Sahnehäubchen: Wenn Sie sich so verhalten, aktivieren Sie das universelle Prinzip "man erntet, was man sät" und ziehen noch mehr Gutes in Ihr Leben.

Danke für Ihre Unterstützung!

Herzlich,

Linda